CONOCIENDO

NUESTROS REFRANES

Expresiones usadas en Venezuela

CARLOS BALDERRAMA

NOTA DEL AUTOR

Los refranes o dichos son frases populares que se han repetido a lo largo del tiempo, en muchos casos sin modificación alguna y que se han fusionado a la idiosincrasia de un pueblo. En Venezuela, existen muchos refranes utilizados en casi cualquier situación cotidiana.

Los venezolanos usamos estos refranes en nuestra comunicación diaria, a veces sin darnos cuenta. Los refranes son aprendidos de generación en generación, sin importar el lugar donde se encuentren las personas. A veces proporcionan una enseñanza, un consejo o simplemente una descripción humorística de una situación. Los venezolanos tienen la característica o "chispa" para inventar frases y sacar un chiste de cualquier cosa.

Cuando los venezolanos emigramos, siempre nos llevamos nuestra cultura a cuestas a cualquier lugar del mundo. En el proceso de adaptación a nuevas tierras, siempre estará presente un pedazo de la cultura venezolana, expresada en su comida, su lenguaje y su comportamiento, entre otros.

Esta fue la razón por la que decidí escribir este libro, para proporcionar una pequeña recopilación de los refranes populares venezolanos más recordados, más comunes y que sin lugar a duda nos transportan a situaciones o lugares vividos en nuestra Venezuela. Todos los refranes han sido recolectados a lo largo de varios años, dentro y fuera de Venezuela, escuchando a familiares, amigos y venezolanos en general. No queremos olvidar esta cultura y queremos que nuestros hijos puedan aprenderlos y comprender un poco más lo hermoso y colorido de la cultura y lenguaje de Venezuela.

Esta selección no es solo para venezolanos, es un libro universal que permite conocer un pedazo de Venezuela a cualquier persona que así lo desee. Quizás varios refranes están presentes en otros países, con otras palabras, pero su significado puede ser comprendido y aplicado por todos.

Espero que este libro de referencia sea de su total agrado y los transporte a una época relevante de sus vidas, llena de recuerdos y vivencias positivas.

Para mayor facilidad de lectura, los refranes han sido ordenados de manera alfabética.

Montreal, Canadá

Octubre 2019

REFRANES "A"

A bajarse de la mula.

Cuando se debe pagar una deuda o como resultado de un asalto.

A bañarse con cariaquito morao.

Cuando una persona tiene mala suerte en algo en particular.

A buen entendedor, pocas palabras.

Cuando no es necesario dar muchas explicaciones detalladas.

A buen hambre, no hay mal pan.

Cuando una persona está ante una situación precaria, no puede ser selectivo ni quejarse.

A caballo regalado no se le mira el colmillo.

Cuando se recibe un regalo, no se debe criticar el estado en que se encuentre.

A cada cochino le llega su sábado.

Cuando una persona es mala, siempre recibirá su merecido.

A confesión de parte, relevo de prueba.

Cuando alguien confiesa algo libera a otra persona de tener que probarlo.

A correr piojo que viene el peine.

Cuando una persona de autoridad está por llegar a un lugar.

A Dios rogando y con el mazo dando.

Cuando una persona posee doble moral. Predica una cosa y hace otra.

A falta de pan, casabe.

Cuando no se tiene algo que se necesita y buscamos otra opción menos deseada.

A grandes males, grandes remedios.

Cuando existen problemas muy grandes, hay que buscar soluciones muy grandes.

A la ocasión la pintan calva.

Cuando se debe tomar una oportunidad en el momento en que se presenta.

A la tercera va la vencida.

Cuando no importa si se ha fallado dos veces, seguro en un tercer intento se logrará el objetivo.

A lo hecho, pecho.

Cuando se deben asumir todas las consecuencias de los actos realizados.

A muchacho barrigón, ni que lo fajen chiquito.

Cuando se tiene un defecto grande siempre será visto por todos, aunque se trate de ocultar.

A otro perro con ese hueso.

Cuando una persona dice algo que nadie le cree. Intentan manipular con mentiras.

A palabras necias, oídos sordos.

Cuando no se hace caso a quien habla sin razón.

A perro macho lo capan sólo una vez.

Cuando una persona aprende de sus errores.

A ponerse alpargatas que lo que viene es joropo.

Cuando cosas difíciles están por venir y hay que estar preparado para afrontarlas. Advertencia del futuro.

A precio de gallina flaca.

Cuando se refiere a cualquier cosa a la venta con un precio muy barato.

A rascarse que llegó la picazón.

Cuando llega una persona no muy apreciada a un grupo o reunión.

A rey muerto, rey puesto.

Cuando una persona se va de un lugar y es rápidamente sustituida por otra.

Agarrando, aunque sea fallo.

Cuando se acepta algo que, aunque no sea exactamente lo que se quería, es algo que nos sirve o soluciona algo.

Agarrando más sol que una teja.

Cuando se ha estado al sol por un periodo de tiempo muy largo, bien sea intencionalmente o no.

Agua que no has de beber, déjala correr.

Cuando algún asunto no es de su incumbencia, es mejor no entrometerse para evitar molestias.

Águila no caza moscas.

Cuando se insinúa que una persona (enemiga o rival) no es de mayor importancia como para ser tomado en cuenta.

Ahora cuéntame una de vaqueros.

Cuando alguien dice o comenta algo que parece una mentira.

Ahora sí se montó la gata en la batea.

Cuando una situación ha llegado a su límite y a partir de ese momento las cosas serán más difíciles.

Al César lo que es del César y a Dios lo que es de Dios.

Cuando se le debe dar a cada persona lo que le corresponde.

Al mal paso, darle prisa.

Cuando uno se encuentra frente a un problema y quiere que se resuelva rápidamente para estar libre de él. Enfrentar las cosas malas rápido para salir de ellas y disfrutar las cosas buenas.

Al mal tiempo, buena cara.

Cuando se debe tener una buena actitud ante alguna dificultad. Ser positivo.

¡Al ojo por ciento!

Cuando se refiere a cálculos aproximados sin usar medidas exactas.

Al pan, pan y al vino, vino.

Cuando se deben llamar a las cosas por su nombre sin andar con rodeos.

Al que madruga, Dios le ayuda.

Cuando una persona se levanta temprano puede hacer todas sus cosas temprano, puede alcanzar sus objetivos.

Al que parte y reparte, le toca la mejor parte.

Cuando una persona encargada de realizar una repartición, suele realizarla a su favor de una manera no equitativa.

Alpargata no es zapato ni que le pongan tacón.

Cuando se tiene un defecto grande siempre será visto por todos, aunque se trate de ocultar.

Amigo es el ratón del queso.

Cuando alguien es amigo de otro por conveniencia o por razones ocultas.

Amor con amor se paga.

Cuando se habla de la reciprocidad entre las personas. Lo que uno recibe de una persona debe ser dado de igual manera.

Amor con hambre no dura.

Cuando una relación no perdura en el tiempo si existen problemas económicos o inestabilidad financiera.

Amor de lejos, amor de pendejos.

Cuando se trata de mantener una relación a distancia, es posible que al menos un lado se haga el tonto.

Amor de lejos, felices los cuatro.

Cuando se trata de mantener una relación a distancia, la infidelidad puede estar presente en ambos lados.

Anda a llorar pa´l valle.

Cuando se le dice a alguien que se vaya a otro lugar donde no lo puedan ver.

Anda meando fuera del perol.

Cuando se indica que una persona está totalmente equivocada, comenta cosas desacertadas o simplemente no tiene idea clara al respecto.

Andar con una mano adelante y otra atrás.

Cuando se refiere a una persona que no posee medios económicos y llegó a un estado de pobreza (una persona que tocó fondo).

Andar de boca en boca.

Cuando todos están hablando de una persona en particular, para bien o para mal, en serio o en chisme.

Aquí se rompió una taza y cada quien para su casa.

Cuando coloquialmente es usado para la despedida de una reunión o de una relación.

Árbol que nace torcido, jamás su tronco endereza.

Cuando se dice que por más que se ayude u oriente a una persona, esta nunca cambia y sigue por el mal camino.

Arruga, pero no plancha.

Cuando una persona seduce a otra sin querer llegar a terminar la acción.

Aunque la mona se vista de seda, mona se queda.

Cuando no se puede hacer de algo, lo que no es. De nada valen las apariencias.

REFRANES "B"

Bájate de esa nube.

Cuando se refiere a personas sumamente distraídas o para indicar una idea imposible o situación irreal.

Barájamela más despacio.

Cuando se pide a una persona que explique nuevamente algo que no fue comprendido en su totalidad.

Billete mata galán.

Cuando las mujeres se juntan con hombres mucho mayores o feos, sólo por el hecho de gozan de muy buena situación económica.

Barriga llena, corazón contento.

Cuando una persona finaliza su comida y suele sentirse de buen humor y alegre,

Borracho no come dulce.

Cuando se decide beber alcohol y evitar postres o dulces para no perder las ganas de seguir bebiendo.

Borracho no es gente.

Cuando se excusa el comportamiento de una persona pasada de tragos bajo la premisa de que no sabe lo que hace en estado de ebriedad.

Bueno el cilantro, pero no tanto.

Cuando realizamos una acción por mucho tiempo y nos cansamos de obtener el mismo resultado.

REFRANES "C"

Cachicamo diciéndole a morrocoy conchudo.

Cuando una persona critica a otra por un defecto que ella misma posee.

Cachicamo trabajando para lapa.

Cuando una persona trabaja para el beneficio de otra. Cuando una persona se lleva la gloria por el trabajo realizado por otra.

Cada ladrón juzga por su condición.

Cuando una persona juzga o critica a otra solamente desde su punto de vista, como si se tratara de un espejo.

Cada loco con su tema.

Cuando se refiere a las acciones o comentarios de una persona, que difieren de las de uno mismo. Usada para establecer que cada persona puede pensar lo que desee.

Cada oveja con su pareja.

Cuando se refiere a personas que tienen gustos parecidos o compatibles.

Caer como anillo al dedo.

Cuando se presenta de improviso y en el momento adecuado, la solución a un problema.

Camarón que se duerme, se lo lleva la corriente.

Cuando se debe estar atentos para no perder oportunidades o tareas logradas.

Caras vemos, corazones no sabemos.

Cuando no se debe confiar en las apariencias de las personas.

Chivo que se devuelve, se desnuca.

Cuando una persona ha tomado una decisión, pero a última hora se arrepiente o cambia de parecer.

Come más que un remordimiento.

Cuando se refiere a una persona que come mucho en comparación con otras.

Comida hecha, amistad deshecha.

Cuando las personas ayudan a otras por un motivo y al lograrlo, se alejan de ellas. Amigos por conveniencia.

Como antena de DirecTV, por fuera y viendo pal cielo.

Cuando una persona queda fuera de una situación en particular.

Como bachaco sin antena.

Cuando una persona está totalmente perdido y desorientado.

Como bola de discoteca.

Cuando una persona está mirando para todos lados.

Como buscar una aguja en un pajar.

Cuando se refiere a lo difícil que es conseguir algo o solucionar un problema.

Como caimán en boca de caño.

Cuando se refiere a personas que están esperando algo con muchas ansias.

Como cucaracha en baile de gallina.

Cuando una persona está totalmente fuera de lugar en alguna situación.

Como pajarito en grama.

Cuando una persona va de un lado a otro, desconcertado, sin saber que hacer.

¿Cómo sabes que La Guaira es lejos?

Cuando se refiere a una persona que comenta algo en particular, de lo cual no debería tener conocimiento alguno. Es una expresión jocosa.

Como te ves, me ví, como me ves, te verás.

Cuando una persona joven critica la apariencia de una persona mayor.

Como vaya viniendo, vamos viendo.

Cuando no hay planificación para realizar algo, se prefiere ir solucionando las cosas a medida que se presentan.

Como zamuro cuidando carne.

Cuando existe un conflicto de intereses por la responsabilidad o ejecución de una acción. Cuando una persona no es idónea para un trabajo.

Con la misma vara que midas, serás medido.

Cuando se refiere a la reciprocidad del trato. Como trates a los demás, serás tratado por los demás.

Con más hambre que piojo en peluche.

Cuando se exagera el hambre que se tiene al no tener acceso inmediato a comida.

¿Con qué culo se sienta la cucaracha?

Cuando una persona quiere hacer algo, pero no posee dinero para ello.

Con tanta voz y mandando a cantar.

Cuando una persona tiene la capacidad de hacer algo, pero prefiere decirle a otra.

Crea fama y acuéstate a dormir.

Cuando se tiene una reputación (buena o mala), realmente no se puede hacer mucho para cambiarla.

Cría cuervos y te sacarán los ojos.

Cuando se refiere a la ingratitud de las personas.

Cuando digo que el burro es negro es porque tengo los pelos en la mano.

Cuando una persona tiene pruebas en mano y no se deja llevar por comentarios o rumores.

Cuando el gato no está, los ratones hacen fiesta.

Cuando la persona con autoridad se ausenta, las reglas y el orden suelen desaparecer.

Cuando el hambre aprieta, la vergüenza afloja.

Cuando se necesita algo, no hay que tener pena en preguntar o pedir ayuda.

Cuando el río suena es porque piedras trae.

Cuando se escucha un rumor de manera repetitiva en el tiempo, es bueno prestar atención porque puede ser cierto. Frase de advertencia.

Cuando hay santos nuevos, los viejos no hacen milagros.

Cuando aparece algo novedoso, lo actual pierde rápidamente interés.

Cuando la rana eche pelo.

Cuando sabemos que algo no sucederá jamás.

¿Cuándo no es Pascua en Diciembre?

Cuando un hecho no tiene nada de extraño. Cuando suele suceder como siempre.

Cuando no hay pan, buenas son tortas.

Cuando uno debe estar agradecido con lo que se tiene, cuando no se consigue lo que se quiere.

Cuando tú vas, ya yo vengo.

Cuando una persona conoce las intenciones de otra.

Cuando veas las barbas de tu vecino arder, pon las tuyas en remojo.

Cuando una persona debe aprender de los errores de otro, para no tener las mismas consecuencias.

Cuentas claras, conservan amistades.

Cuando en negocios se debe tener todo claro y bien explicado para no generar desconfianza.

Cuento tres y llevo dos.

Cuando queremos que una persona haga algo muy rápido.

Cuidado te atropella un carrito de helado.

Cuando se habla de la viveza criolla. Sacarle provecho a una situación. Pasarse de listo ante otros.

REFRANES "D"

Da más vueltas que un perro para echarse.

Cuando una persona literalmente le da muchas vueltas a una situación o cosa específica. Igualmente, cuando una persona deambula desorientado.

De noche, todos los gatos son pardos.

Cuando es muy fácil esconder, disimular o confundir características de una persona o de un producto, durante momentos de poca visibilidad.

De tal palo, tal astilla.

Cuando se refiere a la persona que sigue los pasos de sus padres, bien sea por enseñanza o convicción, incluyendo cualidades positivas o negativas.

Del apuro queda el cansancio.

Cuando se expresa la necesidad de bajar el ritmo de vida de una persona. Andar siempre apurado no siempre genera buenos resultados sino agotamiento.

Del dicho al hecho, hay mucho trecho.

Cuando las palabras o hechos prometidos no se ven reflejadas en acciones concretas.

Descubriste América en un vaso de agua.

Cuando una persona recién descubre o entiende algo que ya era conocido por el resto de las personas. Es una expresión en tono de burla.

Dime con quién andas y te diré quién eres.

Cuando se dice posible conocer a una persona a través de su grupo de amigos o personas que lo rodean siempre.

Dios los cría y ellos se juntan.

Cuando personas que comparten conductas similares o personalidades afines, tienden a encontrarse y juntarse. Puede ser aplicado en sentido negativo o positivo.

Donde el Diablo dejó el guayuco

Cuando se expresa que algo está extremadamente lejos.

Donde hubo fuego, cenizas quedan.

Cuando popularmente se cree que donde hubo una relación, sentimientos siguen existiendo o pueden renacer, aún con el paso del tiempo.

Donde manda capitán, no manda marinero.

Cuando se debe seguir las directrices de la persona al mando. Expresa el nivel de autoridad y su poder para ejercerlo.

REFRANES "E"

Echándosela de gran cacao y no llega ni a borra e' café.

Cuando una persona presume ser lo que realmente no es.

El flojo trabaja doble.

Cuando una persona, por flojera, hace algo mal y debe volver a realizarlo correctamente.

El hombre propone y la mujer dispone.

Cuando se expresa que el hombre suele dar las ideas y la mujer se encarga de poner sus límites. Los propósitos de uno dependen de la voluntad del otro.

El martes, ni te cases ni te embarques, ni de tu familia te apartes.

Cuando se advierte sobre no obrar durante el martes, considerado como día de infortunio y conflictos. Superstición de que las cosas pudieran salir mal.

El mismo que canta y baila.

Cuando se le expresa alguien, que uno es la persona indicada para realizar una acción específica.

El mundo es un pañuelo.

Cuando se encuentran personas conocidas en lugares pequeños o relacionadas con nuestros propios amigos y familiares. Manera de decir que el mundo es pequeño.

El mundo es una caraota, y vivimos en la parte blanca.

Cuando coloquialmente se dice que el mundo es pequeño. Cuando se encuentran personas conocidas en lugares pequeños.

El niño que llora y la madre que lo pellizca.

Cuando una situación es empeorada por ejercer más presión de la necesaria.

El pez muere por la boca.

Cuando lo que se dice puede traer consecuencias y peligros para uno mismo.

El que a buen árbol se arrima, buena sombra le cobija.

Cuando se interrelaciona con personas de valor y moral altos, para mejorarse uno mismo. Saber utilizar relaciones y recursos para alcanzar objetivos.

El que a hierro mata, a hierro muere.

Cuando se expresa el principio de reciprocidad. Como tratemos a las personas, seremos tratados nosotros.

El que con niños se acuesta, amanece mojado.

Cuando el comportamiento inmaduro de las malas compañías, generan malas consecuencias.

El que da y quita, el diablo lo visita.

Cuando no es bien visto que una persona otorgue un regalo (o comparta cualquier cosa) y luego quiera recuperarlo.

El que espera, desespera y esperando se queda.

Cuando se habla del sufrimiento causado por el deseo de inmediatez de las personas impacientes.

El que la hace riendo, la pagará llorando.

Cuando alguien al principio no quiere darse cuenta del daño que genera, pero al final la pagará igual o peor. Refrán asociado con el concepto de karma y arrepentimiento.

El que mucho abarca, poco aprieta.

Cuando no se debe intentar hacer más de lo que uno realmente puede.

El que no la debe, no la teme.

Cuando no se ha hecho nada malo y se puede tener la conciencia tranquila.

El que no llora, no mama.

Cuando se refiere a personas que no se quejan, por lo que no son atendidos o tomados en cuenta.

El que no sabe, es como el que no ve.

Cuando se refiera a la ignorancia como causa de imprudencias.

El que se pica, es porque ají come.

Cuando se refiere a personas que, al ser criticadas, se molestan porque saben que la persona tiene razón.

El que se va de su villa, pierde su silla.

Cuando una persona pierde por descuido, el lugar o el puesto en el que se encuentra.

El tiempo de Dios es perfecto.

Cuando se refiere a momentos en los que las cosas no salen como uno quiere. Igualmente se utiliza para expresar que las cosas pasan por alguna razón y en un momento determinado, sean positivos o negativas.

Ella es una chupetica de ajo.

Cuando se refiere a la persona que siempre está amargada. Una persona que le cae mal a todo el mundo por su carácter y forma de ser.

En boca cerrada, no entran moscas.

Cuando es mejor guardar silencio antes de empeorar una situación con palabras.

En casa de herrero, cuchillo de palo.

Cuando una persona se ocupa más de las necesidades de otros que de las necesidades propias.

En el país de los ciegos, el tuerto es el rey.

Cuando se refiere a una persona que apenas destaca por encima del resto de un grupo con desventajas.

En río revuelto, ganancia de pescadores.

Cuando las cosas se ponen mal por algún motivo, aparecen personas que quieren aprovecharse de esa situación para su beneficio propio.

Entre bomberos no se pisan la manguera.

Cuando las personas se cubren mutuamente las espaldas. También usada para señalar a aquel que quiera sacar ventaja de personas con cualidades similares (profesión, trabajo).

Entre broma y broma la verdad se asoma.

Cuando una persona realiza juegos y bromas fuertes hacia otra, suele expresar cosas que de otra forma no haría. Manera indirecta de sincerarse.

Entre gustos y colores no han escrito los autores.

Cuando se expresa que todos tienen gustos diferentes. Se es libre de tener deseos u opiniones diferentes.

Éramos muchos y parió la abuela.

Cuando una situación mala, empeora de manera inesperada.

Es más peligroso que un mono con hojilla.

Cuando se refiere a personas o situaciones de alto riesgo.

Es mucha la totuma, para tan poca agua.

Cuando se hace referencia a gastar más de lo que se recibe.

Eso es harina de otro costal.

Cuando ser refiere a temas, cosas, personas o situaciones que no deben mezclarse por ser de distinta naturaleza.

Eso está más fácil que pelar mandarina.

Cuando algo es extremadamente sencillo de realizar.

Está como una hallaca mal amarrada.

Cuando se refiere a tener una apariencia u aspecto deforme o torcido.

Estar como palo de gallinero.

Cuando se expresa que una persona está asustada, con miedo o temor de que suceda algo.

Estar en tres y dos.

Cuando uno se encuentra ante una situación muy difícil sin tener claridad en la decisión a tomar.

Estás pensando en pajaritos preñaos.

Cuando una persona está despistada o distraída.

Este peluche se va para su estuche.

Cuando una persona está lista para irse a dormir.

REFRANES "G"

Ganar indulgencias con escapulario ajeno.

Cuando una persona intenta mostrar como propios, los logros obtenidos por otra persona.

Guerra avisada no mata soldado y si lo mata es por descuidado.

Cuando se previene a alguien para que se tomen precauciones y no sufrir consecuencias. Caso contrario, las consecuencias no podrán ser evitadas.

REFRANES "H"

Hablando del rey de roma y éste que se asoma.

Cuando casualmente aparece la persona sobre la que se está hablando en ese momento.

Haciendo más señas que un fiscal.

Cuando una persona hace demasiados gestos y movimientos de brazos al momento de hablar o llamar la atención.

Hasta aquí te trajo el río.

Cuando se termina una acción o actividad, sin poder cambiar su desenlace.

Hierba mala nunca muere.

Cuando se refiere a personas malas que nunca están dispuestas a cambiar su manera de actuar. También suele utilizarse de manera jocosa, para animar a personas enfermas con el fin de que puedan reírse de su propia condición.

Hijo de gato, caza ratón.

Cuando se refiere a la persona que sigue los pasos de sus padres, bien sea por enseñanza o convicción.

REFRANES "J"

Jala, pero no te guindes.

Cuando se refiere a personas que adulan excesivamente a otra.

REFRANES "L"

La carne de burro no es transparente.

Cuando se está observando algo en particular y una persona se atraviesa frente a uno.

La cruz en el pecho y el diablo en el hecho.

Cuando se refiere a personas que intentan disimular sus malas acciones yendo a las iglesias.

La culebra se mata por la cabeza.

Cuando cualquier problema debe ser solucionado desde su origen o raíz.

La curiosidad mató al gato.

Cuando se refiere a las personas curiosas que se meten en asuntos que no son de su incumbencia, corriendo el riesgo de ser afectados.

La despedida está más larga que la visita.

Cuando se refiere a las personas que tardan mucho en despedirse de otras.

La flojera es la madre de todos los vicios.

Cuando se refiere a la persona que no trabaja, que no ocupa su mente en cosas positivas, y que tiende a caer en actividades ociosas.

La lengua es el castigo del cuerpo.

Cuando se dicen cosas que no se deben decir sin pensar y que luego se lamentan.

La lucha por la locha.

Cuando una persona que da a entender que se encuentra trabajando por su sustento diario.

Ladrón que roba a ladrón, tiene cien años de perdón.

Cuando se trata de justificar una mala acción solamente porque es cometida contra una mala persona.

Le salió el tiro por la culata.

Cuando se refiere a un evento que no sucedió como se esperaba y resultó totalmente contraproducente.

Líbrame del agua mansa que de la brava me libro yo.

Cuando se hace referencia a la precaución que se debe tener cuando una situación o persona se presenta como tranquila.

Lo barato, sale caro.

Cuando se opta por obtener productos baratos y económicos sin tomar en cuenta la calidad, lo que genera mayores costos.

Lo cortés no quita lo valiente.

Cuando ser educado, no cuesta nada y no está en conflicto con el valor y determinación de una persona.

Lo que es bueno pal´ pavo es bueno pa´ la pava.

Cuando algo es aceptable para una persona, también lo es para cualquier otra.

Lo que es del cura, va para la iglesia.

Cuando se expresa que lo que sucedió, era lo que debía suceder. También para indicar que lo que se espera, se dará.

Lo que es igual no es trampa.

Cuando se decide hacer una acción como respuesta equivalente a otra recibida, a modo de excusa o venganza.

Lo que está a la vista, no necesita anteojos.

Cuando una situación es tan obvia que puede ser vista o entendida por cualquier persona de manera inmediata.

Lo que hace con las manos lo destroza con los pies.

Cuando una buena acción puede quedar minimizada u opacada por otras malas acciones.

Lo que no mata, engorda.

Cuando se va a consumir un alimento de mal aspecto para justificar la ansiedad de comer. También utilizado en referencia a la despreocupación.

Loro viejo no aprende a hablar.

Cuando personas mayores deben aprender tareas nuevas y tienen dificultad para ello. Se utiliza como frase de excusa.

REFRANES "M"

Madrugando para coger agua clara.

Cuando se refiere a personas previsoras, es decir, que suelen realizar las actividades con tiempo.

Mar revuelto, ganancia de pescadores.

Cuando se suele sacar provecho de situaciones complicadas o situaciones conflictivas.

Más agarrado que una vieja en moto.

Cuando una persona es considerada muy avara o tacaña.

Más apretado que tuerca de submarino.

Cuando se refiere a algo que es muy difícil de aflojar o soltar. También cuando una cosa es muy difícil de encajar en algún sitio.

Más apretados que sardina en lata.

Cuando se encuentra en un lugar demasiado pequeño para la cantidad de personas presentes.

Más blanca que una rana platanera.

Cuando se describe a una persona muy blanca que no ha tenido mayor exposición al Sol.

Más bueno que comer con los dedos.

Cuando se describe (a modo de piropo) a una persona bastante atractiva.

Más bulla que la cabuya.

Cuando las personas hablan demasiado, pero hacen poco.

Más contento que muchacho con juguete nuevo

Cuando se refiere a una persona que está feliz, alegre y celebrando por algún motivo específico.

Más criollo que una arepa.

Cuando se expresa un sentimiento exacerbado de nacionalismo. Igualmente utilizado al referirse a personas sin ascendencia extranjera.

Más difícil que matar un burro a pellizcos.

Cuando se presenta una situación muy difícil, prácticamente imposible de resolver.

Más duro que sancocho de pata.

Cuando se refiere a una persona avara o muy difícil de colaborar.

Más enredado que un kilo de estopa.

Cuando una persona no encuentra como resolver un problema o salir de una situación difícil.

Más fácil que pelar una mandarina.

Cuando se describe algo extremadamente fácil de realizar o completar.

Más fea que pelea de machetes.

Cuando se describe a una persona muy fea.

Más frío que beso de suegra.

Cuando se compara un hecho con otro, haciendo alusión al clima o temperatura.

Más hambriento que piojo en peluca.

Cuando se exagera el hambre que se tiene al no tener acceso
inmediato a comida.

Más inútil que cenicero en moto.

Cuando se utiliza para describir a una persona o una cosa que no posee
utilidad alguna.

Más largo que despedida de borracho.

Cuando una reunión ha terminado y se extiende la despedida por
mucho tiempo.

Más largo que piropo e' tartamudo.

Cuando se quiere describir alguna situación que dura mucho tiempo o
que es muy larga.

Más lejos que cuadra llanera.

Cuando se describe un lugar muy alejado.

Más limpio que talón de lavandera.

Cuando se refiere a una persona que no posee dinero.

Más metido que una gaveta.

Cuando una persona es muy curiosa y chismosa en asuntos que no le incumben.

Más ordinario que pasapalo de yuca.

Cuando se describe a una persona vulgar o a una cosa poco elegante y de mal gusto.

Más pelado que rodilla de chivo.

Cuando se refiere a la persona que está equivocada en algo en particular.

Más peligroso que barbero con hipo.

Cuando se refiere a una situación muy peligrosa.

Más peligroso que mono con hojilla.

Cuando se refiere a una situación muy peligrosa.

Más perdido que Adán el Día de las Madres.

Cuando una persona esta pérdida o fuera de lugar respecto a sus acciones o comentarios.

Más perdido que caraota en piso de granito.

Cuando una persona esta pérdida o fuera de lugar respecto a sus acciones o comentarios.

Más perdido que el hijo de Lindbergh.

Cuando una persona esta pérdida o fuera de lugar respecto a sus acciones o comentarios.

Más perdido que enano en procesión.

Cuando una persona esta pérdida o fuera de lugar respecto a sus acciones o comentarios.

Más pesado que un collar de bolas criollas.

Cuando se refiere a una persona que le cae mal a otros por su carácter y forma de ser.

Más prendido que arbolito de Navidad.

Cuando una persona ha bebido demasiado y actúa de manera alegre.

Más sabe el diablo por viejo que por diablo.

Cuando se habla de la experiencia y sabiduría de una persona por encima de su título o desempeño.

Más salido que un balcón.

Cuando una persona es muy curiosa y chismosa en asuntos que no le incumben.

Más vale malo conocido que bueno por conocer.

Cuando no se debe arriesgar algo conocido por otra cosa supuestamente mejor. Ser precavido.

Más vale pájaro en mano que cien volando.

Cuando es preferible tener algo en concreto ahora, que no tener nada en un futuro incierto.

Más vale que digan aquí corrió que aquí murió.

Cuando se prefiere tomar una salida antes de tiempo de una situación, que después cuando ya es muy tarde.

Más viejo que Matusalén.

Cuando se hace referencia a una situación que sucedió hace muchísimo tiempo atrás.

Matar dos pájaros de un solo tiro.

Cuando con una sola acción se pueden obtener dos resultados diferentes de manera simultánea.

Me cayó frutero.

Cuando una persona es impertinente por querer seguir hablando de un tema del cual ya no se quiere conversar más.

Me dieron gato por liebre.

Cuando se engaña a una persona con un producto/servicio de menor calidad al acordado en la transacción.

Me quedé como la guayabera.

Cuando una persona queda fuera de una situación en particular.

Me quedé sin el chivo y sin el mecate.

Cuando al principio se tienen dos opciones, pero al final no es posible mantener ninguna de las dos.

Me van a soplar el bistec.

Cuando se refiere a alguien que está al acecho para robarle la pareja a otra.

Me voy a pintar de colores.

Cuando una persona se marcha o se va de un lugar específico.

Mejor solo que mal acompañado.

Cuando se refiere a una situación donde es mejor estar solo que tener problemas por estar con una persona equivocada.

Métete con el santo, pero no con la limosna.

Cuando una acción inapropiada, no es apreciada por otra persona.

Mi mamá no parió teja.

Cuando una persona, bajo un sol insoportable, busca estar bajo una sombra.

Mientras más primo, más me arrimo.

Cuando se intenta justificar sentimientos entre personas que son primos. Suele utilizarse también entre personas no familiares.

Muchas manos en la olla ponen el caldo morado.

Cuando existan muchas personas en una actividad particular, se generarán problemas y la actividad no será exitosa.

Mucho ayuda el que no estorba.

Cuando es mejor no participar en tareas donde no se puede contribuir utilidad. También se aplica para personas que, por meterse en problemas de otros, generan problemas mayores.

Mucho chicle, pero poca bomba.

Cuando una persona alardea mucho, pero a la final no hace nada.

Muerto el perro, se acaba la rabia.

Cuando se aplica a situaciones problemáticas, donde una vez eliminada la causa del problema, desaparece el problema en sí. Asociado a la relación causa-efecto.

Muerto el tigre, le tienes miedo al cuero.

Cuando se refiere a la persona que, luego de enfrentar un hecho con valentía, tiende a acobardarse al final.

REFRANES "N"

Nadie es monedita de oro.

Cuando se refiere al hecho de que nadie puede siempre caerle bien al mundo. Cada persona tiene su opinión y su forma de ser, que pueden colisionar con otras personas.

Ni lava, ni presta la batea.

Cuando no se hace lo que se debe hacer, ni se deja que otros lo hagan tampoco. Se refiera a personas egoístas.

Ni que fuera la última Coca-Cola del desierto.

Cuando se refiera a una persona que se considera superior a otra. Se refiere igualmente a las personas orgullosas.

Ni tan calvo, ni con dos pelucas.

Cuando no se debe ser exagerado en una situación. Buscar un equilibrio.

No aclares, que oscurece

Cuando es preferible callarse que seguir enredándose por algún comentario.

No creo en brujas, pero de que vuelan, vuelan.

Cuando por superstición, se trata de justificar un hecho poco comprobable; la posibilidad de que algo que uno no conoce, exista.

No gastes pólvora en zamuro.

Cuando se considera que una persona está perdiendo su tiempo o esfuerzo, en algo que no vale la pena.

No hay mal que dure cien años, ni cuerpo que lo resista.

Cuando se espera que una mala situación, tarde o temprano, finalice. A modo de esperanza, nada es eterno.

No hay peor ciego que el que no quiere ver.

Cuando es imposible convencer a una persona sobre algún asunto en particular.

No le busques las cinco patas al gato.

Cuando no se deben complicar las cosas más de lo necesario.

No te metas en camisa de once varas.

Cuando no se deben complicar las cosas más de lo necesario.

No te pegues que no es bolero.

Cuando una persona se acerca demasiado a otra sin su permiso.

No tiene la culpa el ciego, sino el que le da el garrote.

Cuando la responsabilidad de un hecho malo recae sobre la persona que lo permite.

No todo lo que brilla es oro.

Cuando no todo lo que parece ser bueno, lo es.

REFRANES "O"

Ojos que no ven, corazón que no siente.

Cuando una persona no conoce los hechos, no sufre por los mismos.

REFRANES "P"

Pájaro de mar por tierra.

Cuando una persona no esperada, se aparece de repente en un lugar específico.

Pan para hoy y hambre para mañana.

Cuando se tiene un beneficio inmediato, a corto plazo, pero que no dura en el tiempo. El beneficio no estará disponible en el futuro, a largo plazo.

Para atrás, ni para coger impulso.

Cuando una persona no tiene intención de retroceder o mirar atrás, al momento de realizar una acción.

Para muestra, basta un botón.

Cuando uno puede conocer las intenciones de una persona, solo mirando sus acciones anteriores.

Pasando más trabajo que ratón en ferretería.

Cuando se muestra el desespero de una persona por sentirse inútil cuando está en un lugar desconocido.

Pensando en la inmortalidad del cangrejo.

Cuando una persona se encuentra totalmente distraída e inmersa en su propio mundo.

Perro que ladra, no muerde.

Cuando se habla, alardea y promete mucho, pero a la final no se hace nada, ni se actúa en lo prometido.

Piensa mal y acertarás.

Cuando se supone lo peor de una situación, con el propósito de no sufrir decepciones. Esta acción permite generar sorpresa por algún bien inesperado.

Pinta un bosque y piérdete.

Cuando uno desea despedirse o alejarse de una persona desagradable.

Pondré en el arbolito las bolas que me estás parando.

Cuando una persona no le presta atención alguna a lo que dice otra.

Por dinero no te preocupes, porque no hay.

Cuando no se debe preocupar por una situación en particular que no puede ser alterada o evitada.

Por la maleta se conoce al pasajero.

Cuando se conoce la personalidad de alguien, solo por algún detalle en particular.

Por la plata baila el mono.

Cuando una persona cambia de opinión solo por la oportunidad de obtener beneficios económicos.

Preguntando se llega a Roma.

Cuando se desconoce algo, lo mejor es preguntarle a alguien.

Primero fue sábado que domingo.

Cuando una persona tiene la atención de otra, y una tercera intenta entrometerse y obtenerla. Puede utilizarse en relaciones de pareja, familiares o entre amistades.

Pueblo chiquito, infierno grande.

Cuando se refiere a un lugar pequeño donde todos se conocen y nadie puede hacer nada sin que los demás se enteren. Los chismes se esparcen rápidamente.

REFRANES "Q"

¿Qué sabe el burro de chicle bomba?

Cuando se refiere a la persona que no sabe nada del tema que habla.

¿Qué tiene que ver el culo con las pestañas?

Cuando una o varias cosas no están relacionadas en lo absoluto. También se aplica a situaciones y hechos.

Quien no te conozca que te compre.

Cuando una persona actúa de manera diferente a la habitual. Se muestra con una cara diferente.

¿Quién te dio vela en este entierro?

Cuando no se quiere que una persona se meta en asuntos que no le incumben.

REFRANES "S"

Sale más barato vestírte que alimentarte.

Cuando se refiere a las personas que tienen mucho apetito y comen demasiado.

Saliendo el payaso, soltando la risa.

Cuando se cierran tratos. Por ejemplo, si una persona muestra el dinero, otra muestra la mercancía.

Salió peor el remedio que la enfermedad.

Cuando las ayudas ofrecidas pueden ser peor que los problemas.

Se cree la reina del arroz con pollo.

Cuando una mujer demuestra exageradamente sus capacidades para realizar alguna actividad u acción específica.

Se fue con la cabuya en la pata.

Cuando una persona se va de un lugar sin pagar su deuda y no tiene intención de regresar a pagarla en absoluto.

Se juntó el hambre con las ganas de comer.

Cuando por coincidencia dos o más factores desfavorables se juntan. También se usa para el encuentro de personas con defectos, debilidades o características similares.

Se me aguó el guarapo.

Cuando una situación produce sentimientos de tristeza o nostalgia.

Se mueve como pez en el agua.

Cuando una persona sabe cómo interactuar en un ambiente de manera cómoda o natural, sin problemas que afecten su adaptación.

Se quedó para vestir santos.

Cuando se refiere a las mujeres que no encuentran pareja y generalmente terminan solteras el resto de sus vidas.

Se queja más que camión de cochinos.

Cuando se aplica a las personas que siempre se están quejando mucho de todo.

Seguro mató a confianza.

Cuando es mejor asegurarse uno mismo de las cosas para que salgan bien, que quedarse confiando en otras personas.

Sembramos mango y salió parchita.

Cuando se refiere coloquialmente a la descendencia amanerada de una pareja.

Si así es el infierno, que me lleve el diablo.

Cuando se refiere a una mujer hermosa de gran físico. Piropo popular callejero.

Sóbate que eso se hincha.

Cuando se refiere a las personas que se golpean o caen de manera brusca. Muchas veces usado también en personas que reciben un castigo por sus acciones anteriores.

REFRANES "T"

Tantas curvas y yo sin frenos.

Cuando se refiere a una mujer hermosa de gran físico. Piropo popular callejero.

Tanto nadar, para morir en la orilla.

Cuando se esfuerza mucho para terminar una actividad, pero se falla justo a último momento.

Tanto va el agua al cántaro, hasta que se rompe.

Cuando se comete un mismo error por mucho tiempo, teniendo por consecuencia aquello que no queríamos que sucediera.

Tarde piaste, pajarito.

Cuando uno expresa una opinión o realiza una acción tardía, porque ya en el momento que sucede, no tiene ningún valor.

Te dejaron cómo novia de pueblo, vestida y alborotada.

Cuando una persona es embarcada en algo que realmente quería.

Te digo el pecado, pero no el pecador.

Cuando alguien comenta algo indiscreto sobre un tercero, pero no se revela su identidad.

Te va a morder un peluche.

Cuando se habla de la viveza criolla. Sacarle provecho a una situación. Pasarse de listo ante otros.

Te va a pisar una rueda de tomate.

Cuando se habla de la viveza criolla. Sacarle provecho a una situación. Pasarse de listo ante otros.

Tiene a Dios agarrado por la chiva.

Cuando se refiere a una persona que se considera muy segura de sí misma.

Tira la piedra, y esconde la mano.

Cuando una persona miente sobre algo, que es obvio que lo ha realizado. Asociado a personas poco confiables.

Tú sabes cómo se bate el cobre.

Cuando una persona posee mucho conocimiento sobre un tema en particular, debido a su experiencia.

Tú sabes más que pescado frito.

Cuando se indica sarcásticamente que una persona posee conocimientos extensos sobre uno o varios temas.

REFRANES "U"

Un clavo saca a otro clavo.

Cuando se refiere a situaciones de pareja, donde un amor remplaza a otro.

Una mano lava la otra y las dos lavan la cara.

Cuando se trata de ayudarse mutuamente para conseguir algo e igualmente recordar que se debe corresponder las ayudas recibidas.

REFRANES "V"

Vaca chiquita, siempre es novilla.

Cuando se refiere a personas pequeñas, que siempre parecen más jóvenes que las otras.

¿Vas a seguir, Abigail?

Cuando se refiere a una persona que es muy fastidiosa con una misma cosa. Tiene su origen en una telenovela venezolana del mismo nombre.

Vas pa'l cielo y vas llorando.

Cuando una persona se queja sin sentido ante una situación, cuando la misma le es favorable.

Ve a cortar a otro con ese cuchillo de cartón.

Cuando se quiere convencer a otra persona con una mentira o cuento falso.

Vuelas con todo y jaula.

Cuando una persona es rápida y puede vencer obstáculos para alcanzar un logro.

REFRANES "Y"

Yo conozco a mi ganado.

Cuando una persona sabe cómo van a actuar las otras personas que tiene alrededor. Puede ser aplicado al ambiente laboral o familiar.

Yo no soy escaparate de nadie.

Cuando una persona no guarda los secretos de nadie y los comparte con otros.

REFRANES "Z"

Zapatero, a tu zapato.

Cuando cada uno debe dedicarse a su profesión. También usado para indicar que uno debe opinar sólo sobre las cosas que sabe.

Montreal, Canadá

Octubre 2019

Made in the USA
Coppell, TX
18 October 2022

84913198R00039